Gourmande

Claude Giribone
Conseiller Pédagogique

Marcel Hugon
Maître Formateur

Isabelle Rognoni
Illustratrice

NATHAN

J'aime manger,
je suis gourmande.

Quel bonheur
de pouvoir
dévorer :
pomme, banane,
cerise, pâté,
jambon, saucisson, caramel,
chocolat, bonbon, beignet, tarte,
gâteau, ravioli, spaghetti, poulet rôti.

Si je pouvais, je passerais mes jours et mes nuits à grignoter, mâcher, croquer, savourer : du chocolat, de la confiture, du pain d'épice, des beignets, des glaces, des crêpes, des fraises, des bananes, des tartes, du saucisson, des frites, des spaghetti, des saucisses, des cacahuètes...

J'aime manger, je suis gourmande.
La nuit, je rêve de confitures,
de brioches et de croissants chauds...

Le matin, pendant la classe,
je pense aux plats délicieux
de la cantine :
sardines à l'huile, purée mousseline,
carottes râpées, nouilles gratinées...

À quatre heures, sans perdre
un instant, je rentre vite
à la maison
où m'attendent
dans la cuisine,
tartines beurrées,
brioches dorées,
jus d'ananas,
chocolat fumant...

Le soir,
devant la télévision,
je grignote.
Biscuits salés,
biscuits sucrés,
je grignote sans arrêt...

Mes amis,
eux, sont différents :
il y a ceux qui ne tiennent pas en place,
ceux qui bavardent comme des pies,
ceux qui ne veulent rien faire,
ceux qui oublient leurs affaires,
ceux qui se mettent en colère.

Moi, je suis gourmande.
Il y en a qui disent :
« Caroline est un peu grassouillette. »
Mais ça ne me fait rien,
ça m'est complètement égal,
car le plus important
c'est d'être toujours souriant.

Des mots à lire

des gâteaux

une banane

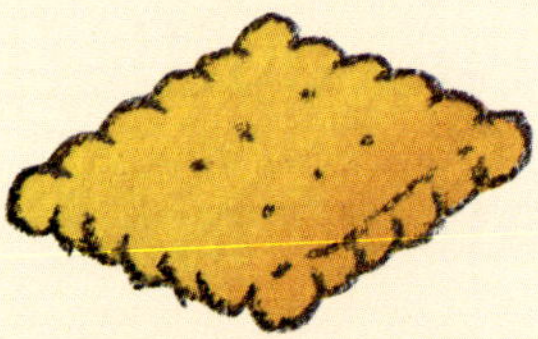

un biscuit

des confitures

des sardines

de la purée

des carottes

des nouilles

Comptine

Miam, miam, miam !
Mousse, mousse au chocolat,
macarons et madeleines,
mousse, mousse au chocolat,
Caroline, elle aime ça !

Miam, miam, miam !
Les meringues et les mokas,
pêches melba
et pots de crème
les meringues et les mokas,
Caroline, elle aime ça !

 ISBN : 209-121504-X
Achevé d'imprimé par I.F.C. 18390 Saint-Germain-du-Puy
N° d'éditeur : 10085743 - (I) - (1,5) - CM 115°
Dépôt légal : mars 2001 - N° d'imprimeur : 01/265